La Mort du divin Socrate

La Mort du divin Socrate

(d'après l'*Apologie de Socrate*, *Criton* et *Phédon* de Platon)

raconté par
Jean Paul Mongin

illustrée par
Yann Le Bras

Les petits Platons

Dis-nous, Oracle d'Apollon, quel est l'homme le plus sage de Grèce ?

— Chez les Grecs comme dans le reste du monde, répond l'oracle, il n'est pas de mortel plus sage que Socrate, car Socrate est amoureux de la vérité.

Socrate invite les hommes à se connaître eux-mêmes.
Il va par les rues d'Athènes, interpellant ceux qu'il trouve sur son chemin.

*Salut à toi, ô le meilleur
des hommes, citoyen d'Athènes,
la plus grande des cités !
Tu te soucies des honneurs, de
ta réputation, des plaisirs et de ta fortune !
Mais songes-tu également à chercher
la vérité, à rendre ton âme plus sage,
en somme, à pratiquer
la philosophie ?*

Lorsque ses interlocuteurs se croient très sages, Socrate s'amuse à leur poser tant de questions qu'ils finissent par avouer leur ignorance. Lorsqu'il croise des ignorants, Socrate les met sur le chemin de la sagesse.
Socrate lui-même dit ne savoir qu'une seule chose, c'est qu'il ne sait rien.

À force de philosopher et de poser des questions à tout le monde, d'interroger les savants sur leur science, et de les découvrir ignorants, Socrate attire sur lui la colère d'un grand nombre. Ceux qui font commerce de leur savoir le détestent particulièrement.

Ils appellent Socrate le Clochard Bavard, et décident de lui faire un procès. Devant l'assemblée des Athéniens, ils l'accusent de rendre la jeunesse méchante, et de ne pas honorer les dieux.
Socrate prend la parole pour se défendre...

*Athéniens! On dit de moi que je rêve
aux réalités du ciel, que je scrute les choses
sous la terre et raconte à la jeunesse
mille sornettes à ce propos.
Aristophane a même écrit une comédie,
où l'on voit un certain Socrate se promener
sur scène, s'élever dans les airs et divaguer
sur des questions dont j'ignore tout!*

*Mais la vérité, c'est que je n'ai jamais
prétendu faire l'éducation des jeunes gens !
Car s'il fallait élever des poulains, ou
des petits veaux, je saurais fort bien à qui
m'adresser. Mais pour éduquer des enfants,
pour faire d'eux des hommes et des citoyens,
il faut un savoir que je ne possède pas,
moi qui ne sais rien.*

Le gros Mélètos, qui veut la mort de Socrate, essaie de le mettre dans l'embarras :

—Mais Socrate, l'interpelle-t-il de sa voix de fausset, si tu ne t'occupes point d'éducation, que fais-tu de tes journées ? S'il n'y a rien d'inhabituel dans tes affaires, pourquoi te fait-on des reproches ?

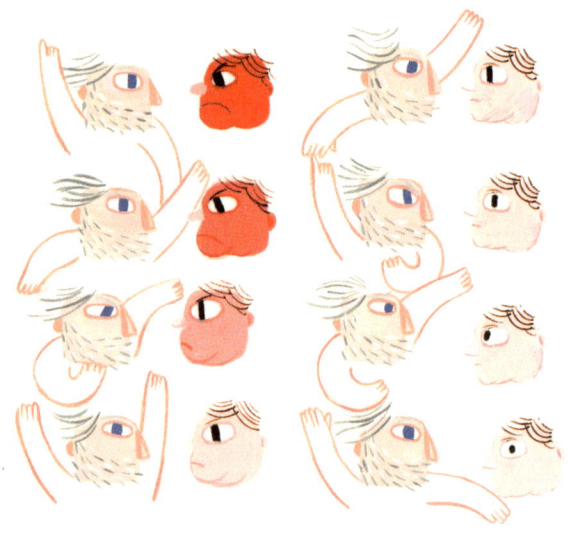

Mélètos, répond Socrate, tu prétends, toi, que je rends la jeunesse méchante ?

—C'est ce que j'affirme de toutes mes forces !

Si tu me traduis en justice, est-ce parce que je rends la jeunesse méchante volontairement ou involontairement ?

—Volontairement, c'est certain !

*Mais dis-moi, excellent Mélètos, vaut-il
mieux vivre dans une cité de braves gens,
ou dans une cité de gens méchants ?*

— Dans une cité de gens bien, assurément.

*Serais-je assez fou, alors,
pour souhaiter vivre avec ceux qui me feront
du mal ? reprend Socrate, en imitant
le timbre aigu de son accusateur.*

— Non, bien sûr ! Mais je t'accuse d'enseigner
des divinités nouvelles ! glapit Mélètos déchaîné.
Parce que toi, tu ne crois pas aux dieux !
Tu dis même que le soleil et la lune ne sont
pas des dieux, mais une pierre et une terre !

*C'est Anaxagore, mon cher, et non pas
moi, qui enseigne ces doctrines curieuses.
Mais réponds encore : comment puis-je
introduire des divinités nouvelles, si je ne crois
pas du tout aux dieux ? interroge Socrate.*

Mélètos, furieux, ne répond rien.

Athéniens, mes amis, s'exclame Socrate
en esquissant une révérence,
je vous salue ! Vous voyez ce que valent
les accusations que l'on porte contre moi !

En vérité, ce sont les dieux eux-mêmes qui
m'ont envoyé pour réveiller notre Cité !
Alors, jour après jour et en tous endroits,
je vous stimule, je vous reproche de chercher
la richesse plutôt que la vérité.

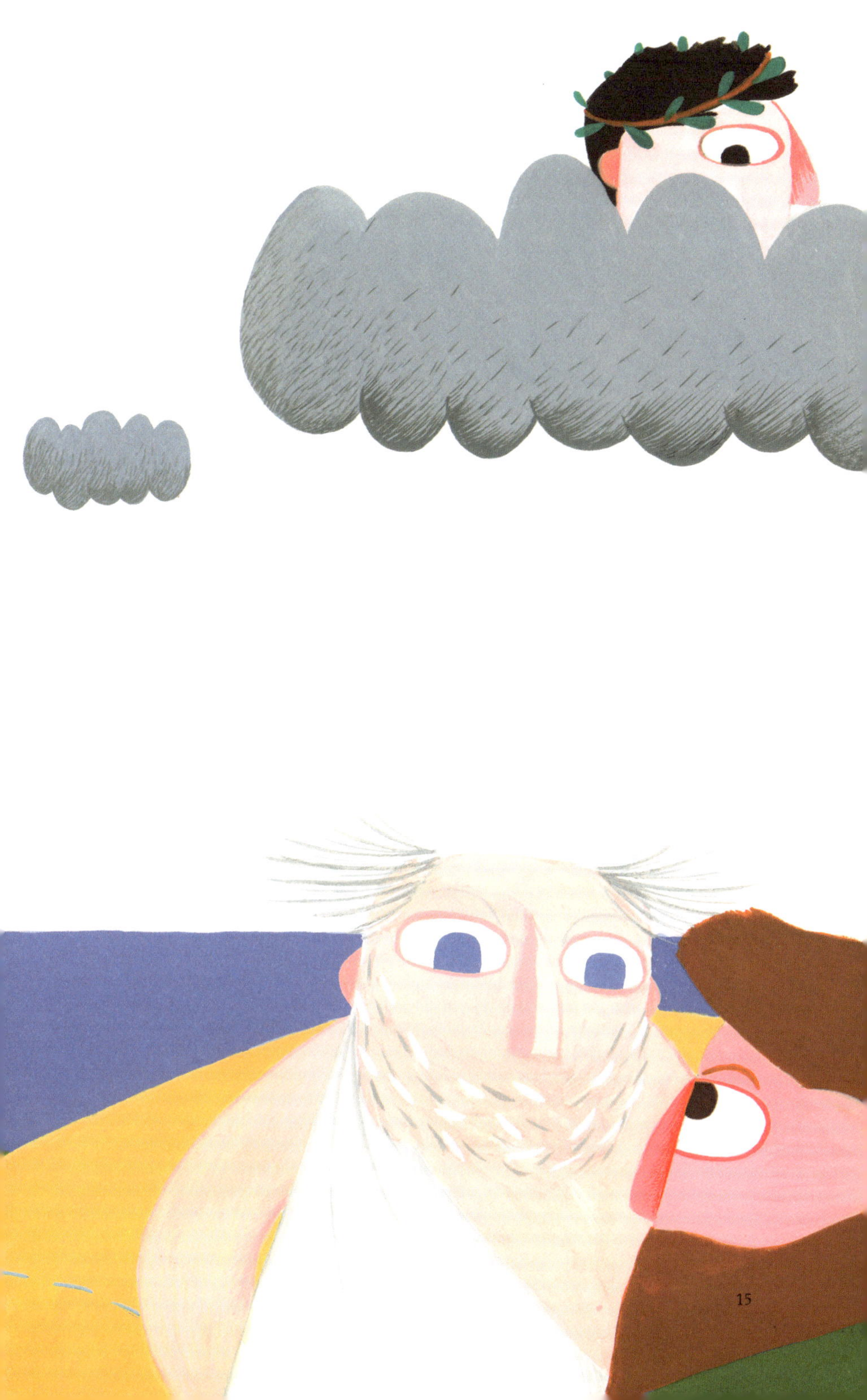

*Je suis comme un gros moustique tournant
autour d'un bon cheval pour le piquer
et l'empêcher de s'assoupir ! Peut-être que
par agacement, vous voudrez vous débarrasser
de moi, et dormir le reste de votre vie…*

*Mais telle est la tâche que m'ont assignée
les dieux ! Devrais-je alors cesser de philosopher,
d'inviter ceux que je rencontre à aimer
la vérité plutôt que les apparences ?
Je serais bien impie d'abandonner
ma mission par crainte de la mort !
Athéniens, je continuerai à interroger
mes semblables, même si je dois pour cela
être condamné cent fois !*

Dans l'assemblée, une rumeur commence à monter :
parmi les juges, certains trouvent que Socrate leur
manque de respect. D'autres admirent son courage.

*Il est vrai, continue Socrate, que je me mêle
des affaires de tout le monde, mais pour
autant je ne prétends pas gouverner la Cité !*

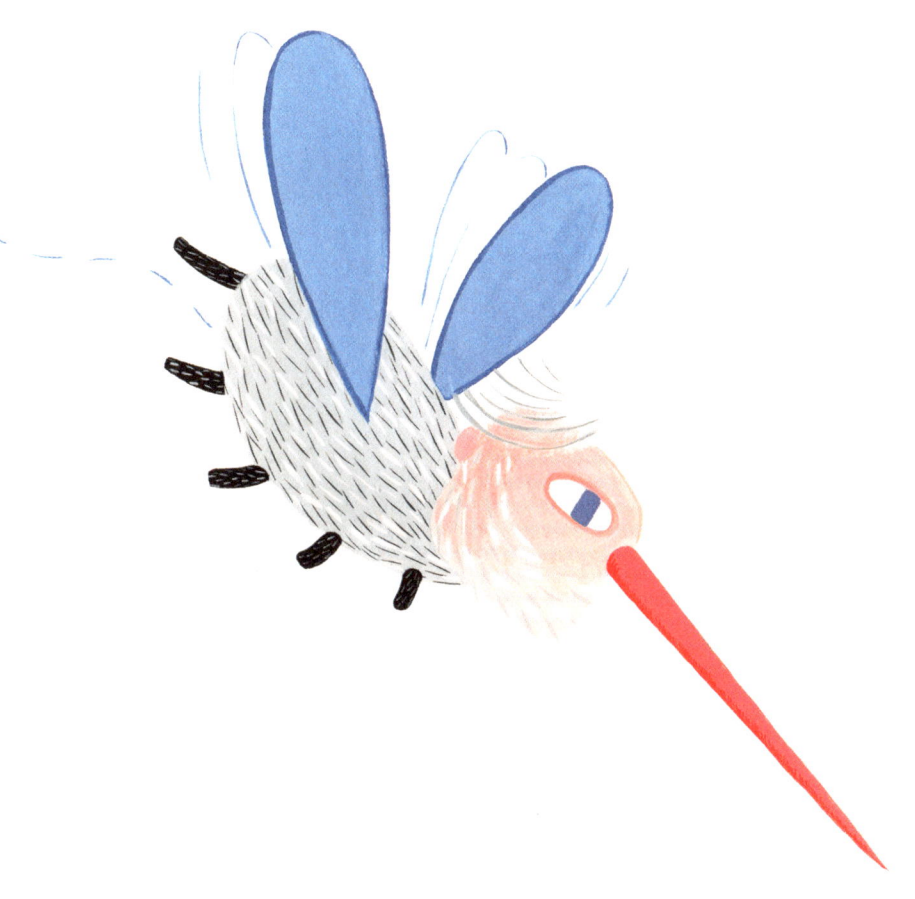

C'est que, voyez-vous, depuis mon enfance,
une sorte de petit démon, ou de génie divin,
m'empêche de faire des bêtises ; et ce génie
me dit que je ne vivrais pas
longtemps si je me mêlais de politique !

Rappelez-vous quand je me suis, par hasard,
trouvé à présider votre Conseil.
Ce jour-là, vous vouliez juger illégalement
les dix généraux qui n'avaient pas ramassé
les morts après la bataille des Arginuses :
seul contre tous, je fis valoir que la loi ne
permettait pas de juger plusieurs citoyens
en même temps. Vous avez bien failli
me massacrer avec eux !

À mon avis, quand on fait de la politique
en défendant la justice,
c'est qu'on ne désire pas vivre vieux !
Mon petit démon m'en préserve !

La vérité, vous le voyez, Athéniens,
c'est que jamais je n'ai cédé à l'injustice.
Mélètos dit que j'ai corrompu mes élèves ;
mais je ne suis le maître de personne !
Si quelqu'un aime m'écouter quand je parle,
alors, qu'il soit vieux ou jeune, riche ou
pauvre, je ne le renvoie jamais, et je ne lui
demande rien. Mais qu'il devienne ensuite
bon ou méchant, je n'en suis pas responsable !

Allons, hommes d'Athènes !
Pour des affaires moins graves, d'autres
accusés vous adressent des supplications.
Ils pleurent à chaudes larmes,
et veulent éveiller votre pitié en faisant venir
témoigner leurs petits enfants.
Je ne ferai rien de tel :
car cela n'est pas digne de notre Cité,
ni de la réputation de sage que l'on me fait.
Un tel spectacle déplaît aux dieux.
Puisque justement on m'accuse de ne pas
les honorer, eh bien ! je m'en remets à eux
pour mon jugement.

L'assemblée des cinq cents juges vote : Socrate est déclaré coupable, par trente voix d'écart. Comme le veut l'usage à Athènes, les deux partis doivent alors recommander un châtiment : les accusateurs demandent habituellement une peine dure, l'accusé une peine semblable, mais un peu plus légère. Les juges choisissent ensuite quelle sanction leur paraît la plus appropriée. Sans surprise, le gros Mélètos et sa bande de faux savants réclament que l'on mette Socrate à mort.
C'est au tour de Socrate, qui semble bien s'amuser, de proposer une sanction ; on s'attend à ce qu'il suggère de partir en exil.

Quelle est la peine, citoyens juges, que mérite un homme comme moi, dont le seul tort est de ne pas mener une vie paisible en s'occupant de ses affaires ? Un homme qui cherche le bien, plutôt que les richesses ? Qui préfère la Cité elle-même à ses honneurs ? Quelle punition doit être réservée à cet homme pauvre et sage, qui a besoin d'être pris en charge pour continuer ses bonnes œuvres ?

Athéniens, voici la peine que je mérite : installez-moi, à vos frais, dans ce beau palais du Prytanée où vous logez les vainqueurs des Jeux Olympiques et les hôtes de marque !

Une grande clameur s'élève dans l'assemblée : quelle insolence ! C'en est trop ! Socrate est alors condamné à mourir en buvant une coupe du poison appelé ciguë.

*Mon petit démon me préviendrait
si je devais craindre quelque mal, déclare
tranquillement Socrate à ses amis
accablés ; mais la mort n'est rien,
ou bien elle est un voyage de l'âme
vers un autre lieu.*

*Si la mort n'est rien, elle est comme
un sommeil sans rêve, comme une de ces belles
nuits, plus paisibles que tous nos jours :
un grand bien !*

*Et si la mort est, comme on le dit,
une traversée vers les Enfers ; si je peux
y rencontrer Homère, Hésiode et Orphée,
les poètes d'autrefois, et les plus grands
héros, Ajax, Ulysse ; si je peux y interroger
la sagesse des milliers d'hommes du passé
sans risquer d'être condamné,
quel bien plus grand y aurait-il ?*

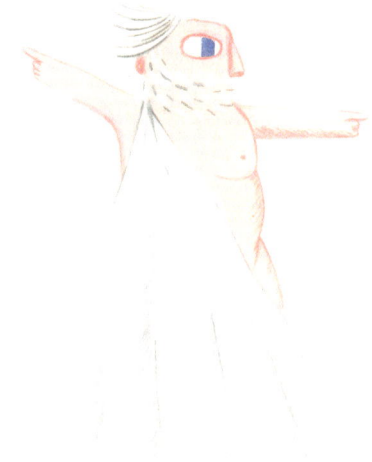

*Voici pourtant, mes chers, l'heure de
nous séparer, moi pour aller mourir, vous
pour continuer à vivre. Qui, de vous ou
de moi, va vers le meilleur destin ?
Les dieux seuls le savent !*

À cette période de l'année, cependant, Athènes est en fête : on célèbre le voyage du prince Thésée, qui dans les temps anciens est allé tuer le Minotaure pour briser le joug que l'abominable Minos, roi de Crète, faisait peser sur la Cité. Il est d'usage qu'aucune exécution n'ait lieu jusqu'à ce qu'un bateau aille en Crète et en revienne. Socrate reste donc tout un mois en prison, où il écrit des chansons.

LE DIEU VOULUT CESSER LA GUERRE
DE LA DOULEUR ET DU PLAISIR
MAIS N'Y POUVANT PAS RÉUSSIR
PAR LEURS TÊTES IL LES ATTACHA
DEPUIS QUAND L'UN NOUS ÉCHOIT
L'AUTRE BIENTÔT VIENT PAR DERRIÈRE

Un jour, de grand matin, Socrate se réveillant dans sa cellule trouve auprès de lui son ami Criton.

*Que fais-tu ici de si bonne heure ?
s'enquiert-il tout ensommeillé.*

— J'admire, répond Criton, comme tu dors paisiblement alors que le destin t'a si durement frappé ! Et moi, quelle sombre nouvelle j'ai à t'annoncer !

*Le bateau venant de Crète est-il déjà au port,
achevant la période des fêtes ?*

— Non, mais on le dit sur le point d'arriver, murmure Criton.

*Je rêvais justement, répond Socrate,
qu'une femme pleine de grâce, vêtue de blanc,
m'adressait les paroles du roi Agamemnon
au héros Achille. Socrate, disait-elle, dans
trois jours, tu aborderas ta fertile patrie…*

— Quel curieux songe, Socrate !

Quel clair présage, plutôt !

Criton prend alors Socrate par les épaules :

— Socrate, mon ami, je t'en supplie,
permets-nous d'organiser ton évasion !
Je peux facilement acheter la vigilance
des gardiens de la prison. Une embarcation
se tient prête pour t'emmener en sécurité,
et des amis t'accueilleront partout où tu iras.
Si tu refuses de le faire pour toi, fais-le
pour tes fils, afin qu'ils ne connaissent
pas le sort des orphelins ! Fais-le pour nous,
qu'il ne soit pas raconté que nous t'avons
laissé périr alors que nous aurions pu te sauver !

*Que nous importe ce que l'on peut
raconter ? fait Socrate en baillant.
Que m'importe même de mourir ?
L'important, ce n'est pas de vivre, mais
de bien vivre, c'est-à-dire selon la justice,
ne penses-tu pas ?*

— Oui, Socrate, nous sommes déjà tombés
d'accord à ce sujet.

*Est-il parfois juste, cependant, de commettre
l'injustice ? De répondre, par exemple, à
l'injustice par l'injustice ? Ou bien l'injustice
n'est-elle jamais ni belle, ni bonne ?*

—L'injustice est toujours une mauvaise chose,
c'est évident.

*Alors, dis-moi, mon cher Criton : serait-il
juste de soudoyer les gardiens,
et de m'enfuir, sans que
les Athéniens ne me donnent congé ?
Mais regarde ! Voici que mon petit
démon présente devant nous
la Loi d'Athènes !*

Socrate, tu aimes poser des questions ;
à mon tour je vais t'interroger.

C'est moi, la Loi d'Athènes, qui ai permis
le mariage de tes parents, moi encore qui ai
protégé ton enfance, moi qui règle ta vie
dans la Cité.

Je suis pour toi plus qu'une mère ou
qu'un père. Me méprises-tu tant, que
tu essaies de m'échapper ?

Ton devoir n'est-il pas de m'obéir, et de tenir
la place que je t'ordonne, comme tu l'as fait à
la guerre lorsque tu combattis en mon nom ?

*Tu vois, Criton, reprend Socrate, j'aime
tant vivre sous la Loi d'Athènes que j'ai
refusé, lors de mon procès, d'envisager l'exil.
Est-ce pour maintenant ruiner cette Loi
en prenant la fuite ?
Me déguiser en esclave, et filer avec
mes enfants, pour faire d'eux des étrangers ?
Ou les abandonner ici ?
Oserai-je après cela parler encore aux
hommes, comme je l'ai fait jusqu'ici, pour
leur dire que rien n'a plus de prix que
la vertu, la justice, la Loi ?*

Criton quitte la prison, et annonce la résolution de Socrate à ses amis. Le lendemain, le navire venant de Crète rentre au port d'Athènes, et la période des fêtes s'achève.

C'est donc le jour où la sentence doit être exécutée. Tous les amis de Socrate se sont donné rendez-vous pour être auprès de lui : il y a Criton et son fils Critobule, Hermogène, Epigène, Eschine, Phédon, Antisthène, Ctèsippe de Péanie, Ménexène, Cébès, Simmias de Thèbes et bien d'autres encore. Seul manque Platon, qui est malade. Malade ? Un rhume, probablement.

Dans la prison, ils trouvent auprès de Socrate sa femme Xanthippe et leur plus jeune enfant, Sophronique. Xanthippe, qui a ordinairement mauvais caractère, ne cesse de gémir et de se lamenter :

— Ah ! Socrate ! Voici tes amis, c'est la dernière fois que tu peux leur parler !

Socrate demande à Criton qu'on ramène sa femme à la maison. Pendant qu'on l'accompagne dehors, Xanthippe pousse de grands cris et s'arrache les cheveux.

Socrate, lui, est tout à fait comme d'habitude ; il se gratouille les jambes, fait des jeux de mots, parle de son petit démon et philosophe avec ses amis. Simmias de Thèbes lui demande alors pourquoi il n'est pas triste de devoir mourir.

Mon bon Simmias, répond Socrate, je vais tâcher de te répondre, et d'être plus persuasif que je ne l'ai été lors de mon procès ! En vérité, je ne serais pas si content de faire ce voyage vers les Enfers, si je n'étais pas convaincu d'y trouver d'autres dieux absolument bons, et peut-être même des hommes meilleurs que ceux d'ici. Et puis avoue que ce serait drôle, après avoir passé ma vie à philosopher, c'est-à-dire d'une certaine façon à m'exercer à la mort, de me mettre à la fuir comme je fuis ma femme, alors que cette mort m'en libère !

— Socrate, tu me fais encore rire, même si je n'y ai pas le cœur ! s'esclaffe Simmias. Ainsi, disant que tu méritais la mort, tes juges ont finalement fort bien jugé !

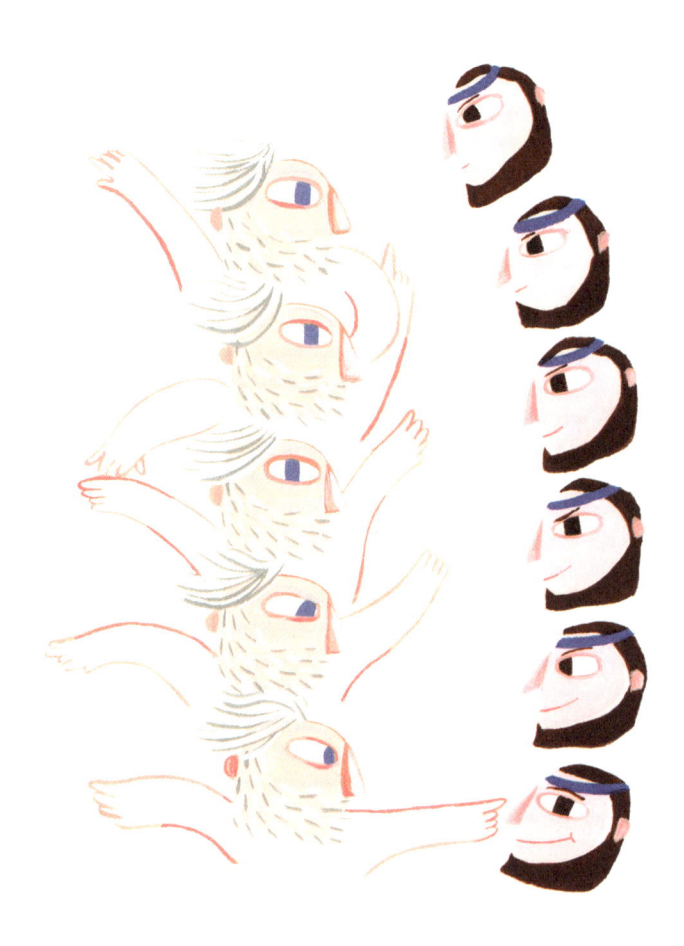

Dans un sens, oui, s'amuse Socrate, à ceci près qu'ils ne voient pas la mort comme moi ! Mais laissons mes juges où ils sont !

Simmias accorde alors sa lyre pour accompagner
Socrate qui récite un poème :

> Lorsque le cygne sent sa fin venir
> Il loue les dieux par un chant inconnu
> Les pauvres hommes, qui craignent de mourir,
> Calomnient l'oiseau, le disent ému,
> D'une peine profonde, que son chant
> Exprimerait au monde en le quittant
>
> Mais un oiseau chante-t-il par tristesse ?
> Ni le rossignol, ni le colibri
> L'âme du cygne, à la vue de l'Hadès
> Reconnaît sa véritable patrie
> Oiseau d'Apollon, il sait deviner
> Les merveilles qui lui sont réservées
>
> Et moi, tel le cygne je me réjouis
> Des biens qui m'attendent après cette vie

39

> *Quand un homme meurt, interroge ensuite
> Socrate, il se passe bien quelque chose ?*

— Eh bien... oui, répond Simmias,
posant sa lyre.

> *Ce qui se passe, c'est que le corps et l'âme
> se séparent, n'est-ce pas ?*

— Absolument, dit Simmias.

> *Fais bien attention maintenant, reprit
> Socrate : crois-tu que ce que l'on appelle
> un philosophe, un homme qui est amoureux
> de la sagesse, se préoccupe beaucoup de
> ses plaisirs, par exemple de ce qu'il peut
> manger ou boire ?*

— Pas du tout, Socrate !

> *Et des plaisirs de l'amour, des soins de
> son corps, de la couleur de ses chaussures ?
> Penses-tu qu'un philosophe s'en préoccupe,
> au-delà du nécessaire ?*

— S'il s'en occupe, c'est qu'il n'est pas un véritable
philosophe, affirme Simmias.

*Mon bon Simmias, nous sommes bien d'accord :
un philosophe ne s'occupe guère des plaisirs du corps,
mais de ceux de l'âme. Allons même plus loin :
ne nous arrive-t-il pas de nous tromper sur
ce que nous voyons ou entendons ?*

—Certes, cela arrive !

*Donc, dit Socrate, le corps est même une
source d'erreur pour l'âme, c'est pourquoi
le philosophe préfère raisonner et chercher
la vérité en lui-même. Ainsi, par exemple,
diras-tu que la justice est quelque chose
ou qu'elle n'est rien ?*

—Quelque chose, assurément.

Et en diras-tu autant du bien et du beau ?

—Comment le nier ?

*Mais as-tu déjà vu de tes yeux la justice,
le beau ou le bien, ou encore la grandeur ?*

—Non, répond Simmias. J'ai vu des choses
justes, belles ou grandes. Mais la justice
elle-même, la beauté elle-même, la grandeur
elle-même, je ne les ai jamais vues.

*Ce n'est donc pas par notre corps que nous
connaissons ces réalités, mais par notre âme.
Et nous les connaissons d'autant mieux que
nous sommes moins troublés par notre corps !*

—Socrate, on ne saurait mieux dire !

Tant que mon âme sera enchaînée à mon corps, jamais je ne posséderai la sagesse que j'aime. Je dois sans cesse m'occuper de mon corps ; par là-dessus, il tombe malade et trouble mon âme par des désirs, des craintes, des passions, enfin toutes sortes de sottises, sans parler des disputes, et des guerres qui s'ensuivent. Pour devenir vraiment sage, il faut que l'âme se sépare du corps, et contemple par elle-même la réalité des choses.
Ne penses-tu pas de même, Simmias ?

— Oui, Socrate, complètement !

C'est donc après ma mort, lorsque mon âme
et mon corps seront déliés, que j'ai espoir
de connaître la sagesse, dont je suis
amoureux. Comment pourrais-je être
triste de mourir, mon bon Simmias ?

— Ce serait en effet, Socrate, très inconséquent !

Quant à ce qui arrivera à mon âme après
la mort du corps auquel elle est attachée,
je vais te raconter ce qu'il m'en semble…

Lorsqu'à la mort, l'âme se sépare du corps, elle est prise par la main de ce petit démon, de ce génie divin qui était son gardien. Le petit démon la conduit alors sur les sentiers tortueux et étroits qui mènent vers les Enfers. L'âme de l'homme insensé ne se résigne pas à quitter son corps, et son petit démon a bien de la peine pour la tirer sur sa route. Quand elle arrive, toute furieuse, au lieu qui lui convient, elle effraie les autres âmes, et passe désormais son temps à errer, inquiète et solitaire.

En revanche, l'âme du sage, qui par la philosophie s'est purifiée durant sa vie, fait ce voyage sans encombre.
À son terme l'attendent les âmes des autres sages, et toutes ensemble elles siègent auprès des dieux, dans l'un de ces lieux merveilleux que compte la terre.

Car la terre est fort grande, et nous n'en connaissons
que cette petite partie qui longe la mer depuis le fleuve Phase
jusqu'aux colonnes d'Hercule ; de nombreux peuples habitent
d'autres régions inconnues.
Nous croyons marcher à la surface de la terre et au grand jour,
mais en réalité, nous habitons tous au fond de cavernes immenses
et profondes, où se versent les pluies.

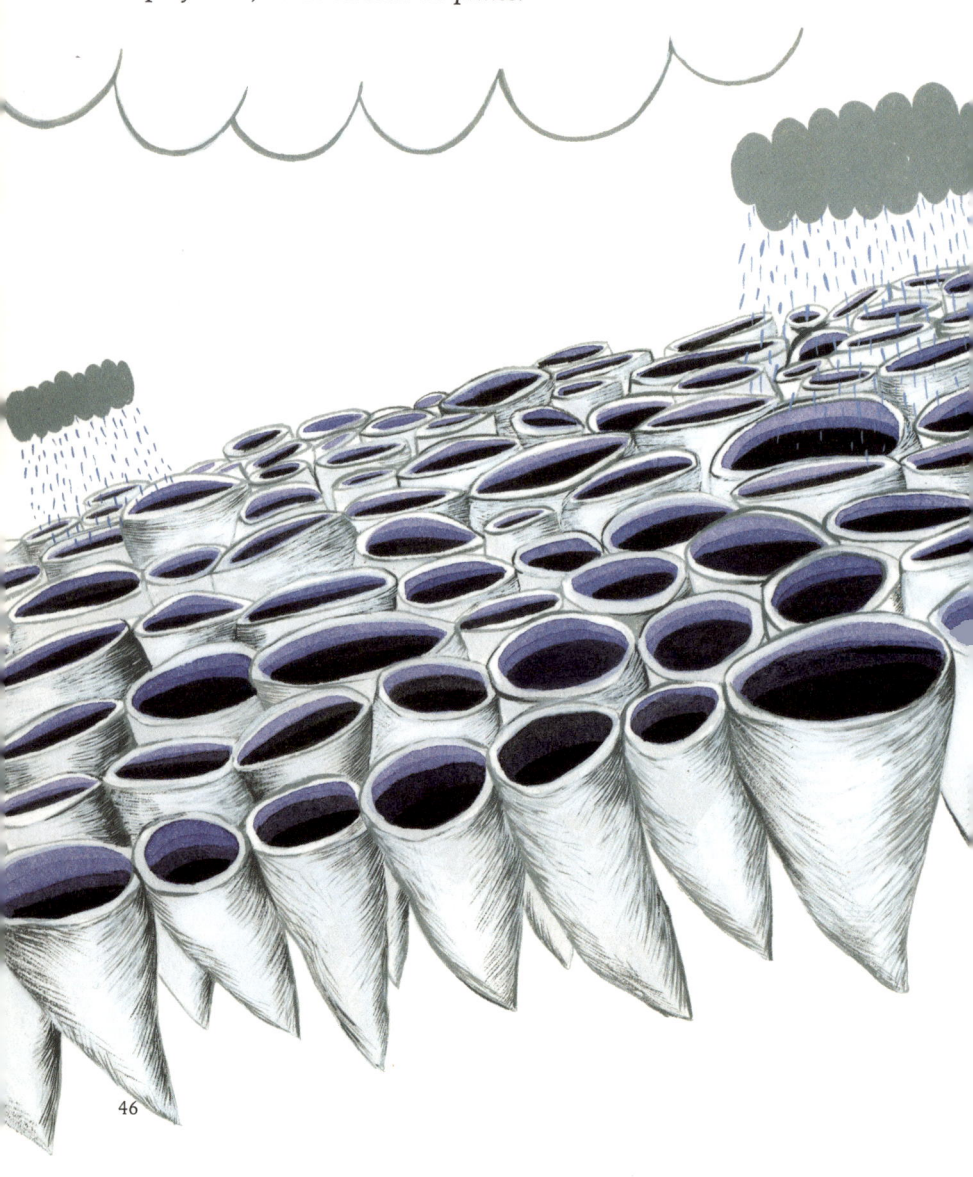

Songez aux habitants des profondeurs de la mer : ils aperçoivent, à travers l'eau, le soleil et les astres, et ils prennent la surface de l'océan pour le ciel. De même, nous prenons l'air pour le ciel, parce que nous y voyons la course des étoiles.

Mais si un homme du fond des mers pouvait s'élever jusqu'à nous, il verrait combien le monde d'où il vient est plein de sable et de vase, rocheux et rongé par le sel. Et si nous, nous pouvions nous élever jusqu'à sortir de notre caverne, jusqu'à la véritable terre, nous contemplerions une lumière sans comparaison avec la nôtre, et des merveilles plus grandes encore.

Cette terre véritable, au-dessus de nous, ressemble à un ballon aux rayures multicolores, dont la palette des peintres d'ici-bas n'est que le pâle reflet : telle partie est d'un pourpre prodigieux, telle autre est d'un blanc plus brillant que la neige, telle encore est teintée d'un or à la pureté inconnue.

Alors qu'au fond de notre caverne, l'obscurité et le brouillard troublent les couleurs, elles sont là-haut sans mélange. Les montagnes y sont toutes faites de ces pierres précieuses, dont seulement quelques fragments tombent jusqu'ici. Les animaux et les hommes n'y connaissent pas la maladie, et ils vivent très longtemps et très heureux.

La pureté de l'ouïe, de la vue et de la pensée des habitants de cette terre d'en haut nous est aussi supérieure que l'air est plus pur et léger que l'eau. Ils contemplent le soleil, la lune et les astres tels qu'ils sont en vérité. Dans leurs temples, les dieux demeurent réellement, et ils parlent aux hommes comme je le fais avec vous. Telle est la terre véritable au-dessus de nous.

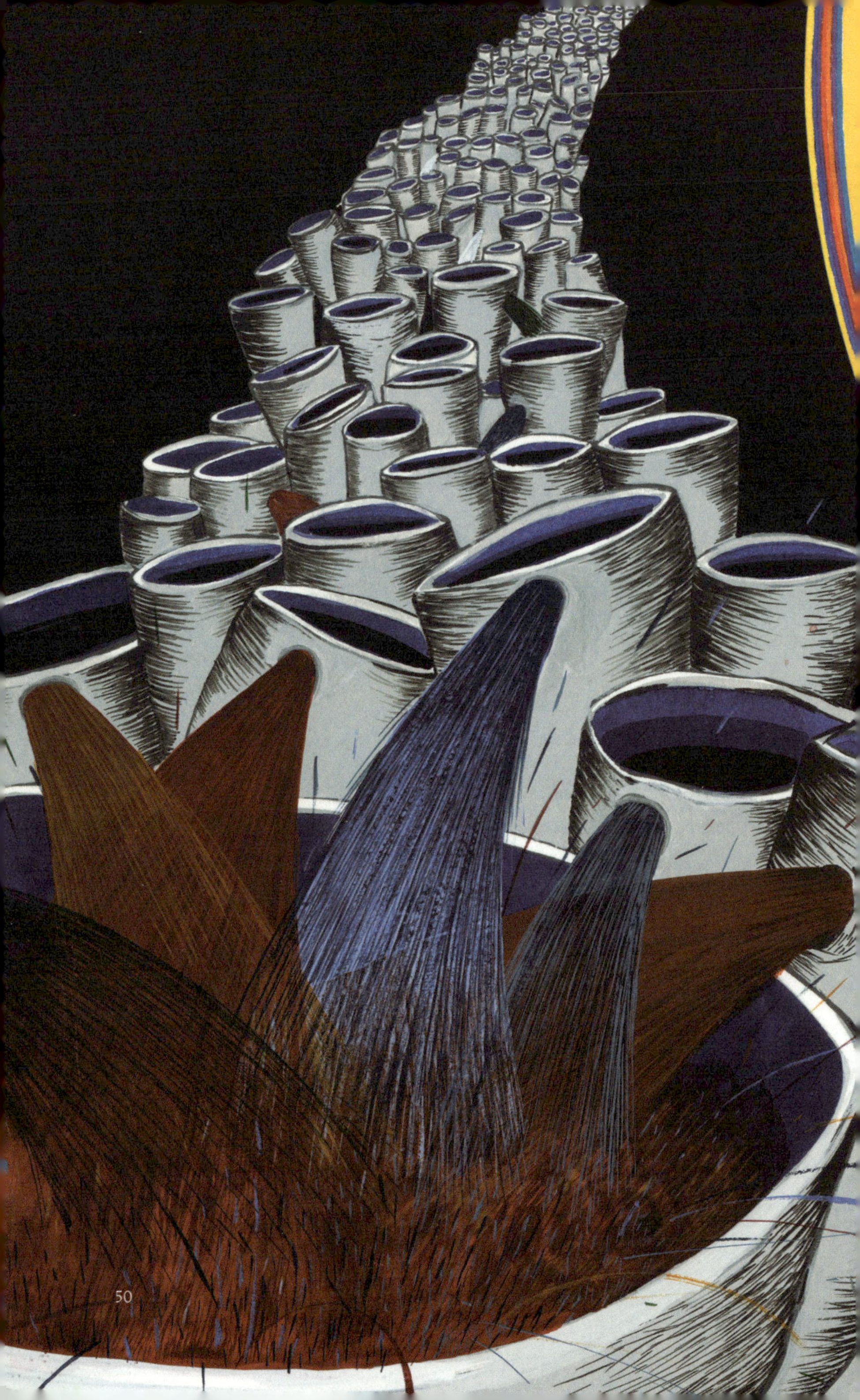

Autour de la terre, il y a de nombreuses cavernes comme celle où nous nous trouvons. Les unes sont plus grandes que la nôtre, et laissent entrer plus de jour. D'autres sont plus profondes ou plus sombres. Toutes ces cavernes sont percées de trous, par lesquels elles communiquent entre elles. Souvent des fleuves d'eaux chaudes ou froides, de boues plus ou moins épaisses, de feu et de lave, s'y déversent, et ressurgissent ailleurs, par des sources ou des volcans. Ces fleuves convergent vers la caverne la plus profonde, que les poètes appellent le Tartare, où ils se jettent dans un fracas incroyable.

La plupart des hommes, dont l'âme n'est ni vraiment sage ni vraiment mauvaise, sont à leur mort emmenés par leur petit démon au bord du sinistre fleuve Achéron. Là, ils rejoignent leurs semblables et montent dans des embarcations qui les portent, à travers des régions désertiques et suivant des cours souterrains, jusqu'au marais Achérousias. Ils y restent un temps plus ou moins long, pour se purifier, puis sont renvoyés afin de renaître parmi les vivants. Dans le Tartare sont jetées les âmes criminelles de ceux qui ont pillé des temples ou fait violence à leurs parents. Un fleuve de feu appelé Pyriphlégéthon les y emporte, et les plus méchants n'en reviennent jamais. Toutefois, il y a parmi eux des âmes pouvant guérir, par exemple celles des criminels qui ont agi sous l'emprise de la colère et puis en ont eu du remords toute leur vie. Ceux-là, après un temps très long, sont rejetés sur le fleuve Cocyte, qui longe le marais Achérousias; en passant, ils aperçoivent les âmes de ceux à qui ils ont fait du mal, et ils les supplient de les laisser sortir du fleuve. Si les victimes de leurs injustices les prennent en pitié, ils peuvent les rejoindre, et leurs tourments prennent fin. Sinon, ils retournent séjourner dans le fracas du Tartare, puis repartent sur le fleuve, et ainsi jusqu'à ce qu'ils aient convaincu ceux qu'ils ont maltraités de les recevoir.

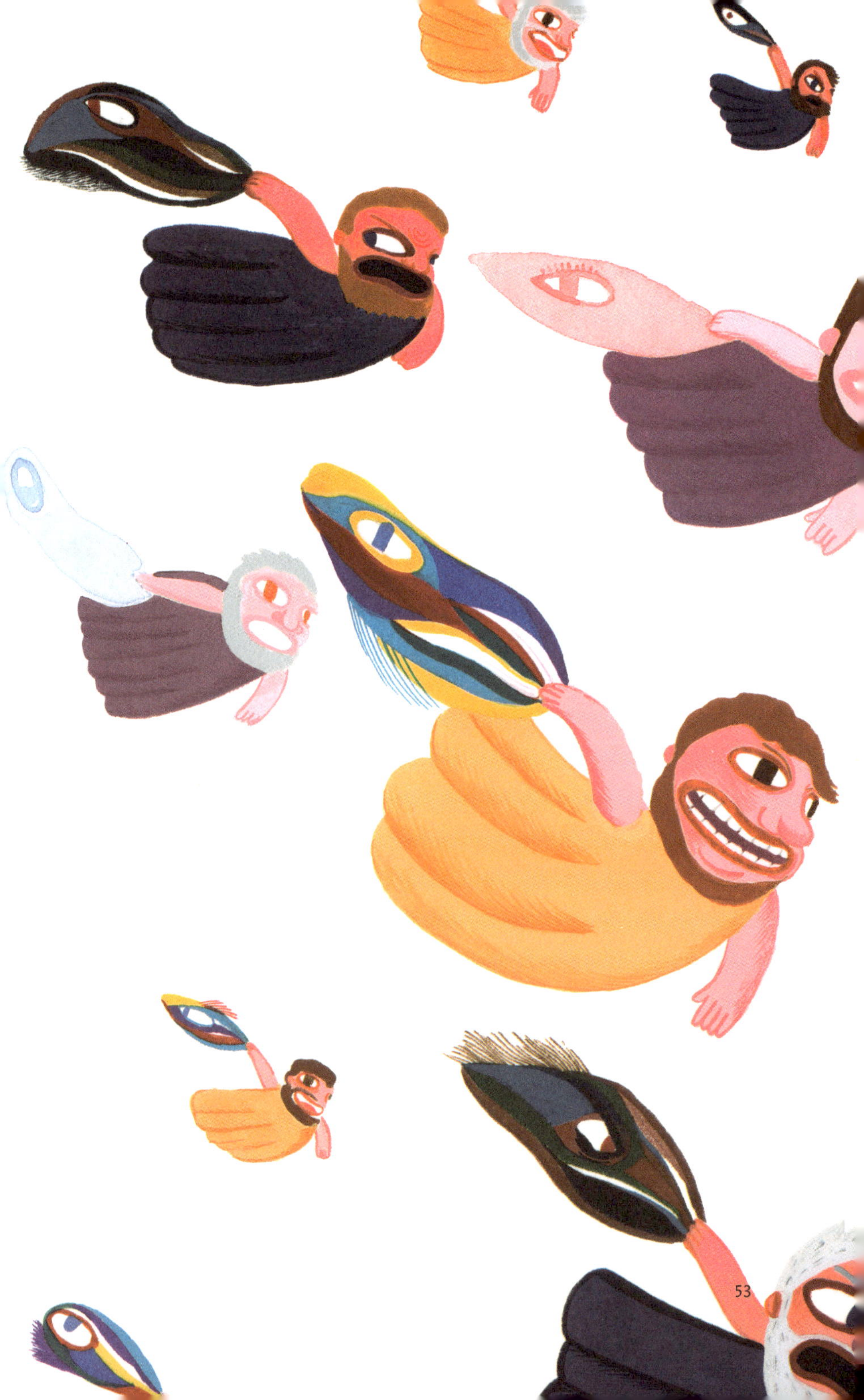

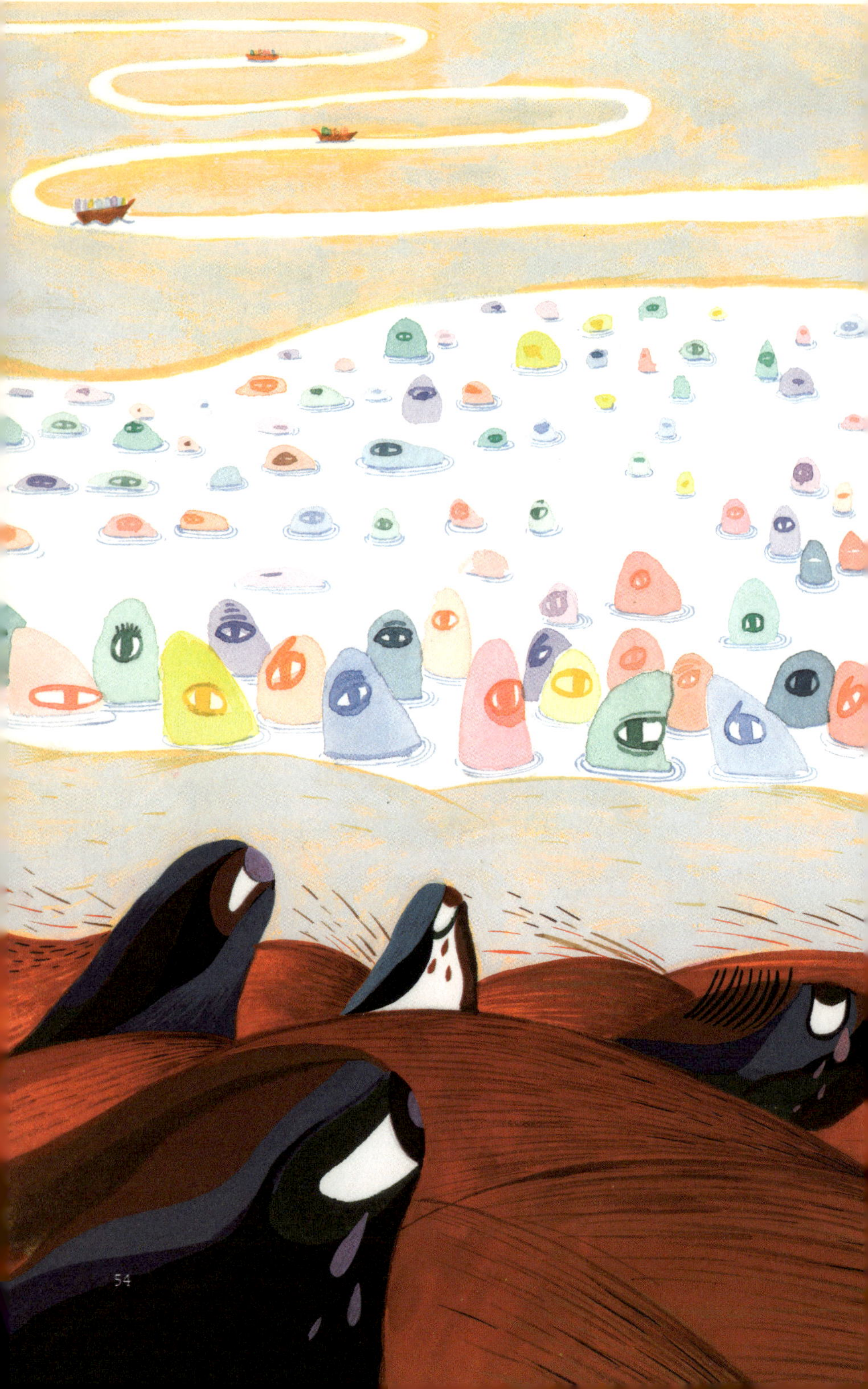

55

Quant aux hommes dont la vie a été sainte, ce n'est pas vers des fleuves les menant dans les profondeurs que les conduit leur petit démon. À leur mort, c'est vers la terre véritable et ses merveilles qu'ils s'élèvent. Et parmi eux, ceux qui se sont entièrement purifiés par la philosophie vivent ensuite absolument sans corps, dans des demeures encore plus belles que les autres.

57

*Vous voyez, mes amis, combien la sagesse
mérite d'être recherchée. La récompense
en est grande ! Cela dit, veuillez m'excuser,
mais je ne veux pas donner à ma femme
la peine de laver un mort : il est temps que
j'aille prendre mon bain !*

— Socrate, ne pars pas ainsi ! s'exclame
Criton. Dis-nous ce qu'après ta mort,
tu aimerais que nous fassions, pour tes
enfants ou pour ce que tu voudras !

*Ce que j'aimerais que vous fassiez ?
Mais ce que je vous ai toujours dit :
cherchez la sagesse, ne vous préoccupez pas
des plaisirs du corps ou de son habillement.*

—Dis-nous au moins de quelle manière
tu souhaites être enterré !

*Comme il vous plaira ! Il faudrait déjà que
vous arriviez à m'attraper ! répond Socrate
en riant doucement.*

Socrate va prendre son bain, puis on lui amène ses enfants :
deux sont tout petits, ils s'appellent Sophronique et Ménexène.
Le plus grand s'appelle Lamproclès. Socrate les embrasse,
leur fait des recommandations, et les renvoie. Le soleil déjà
se couche.

Un gardien de la prison apporte une coupe remplie de ciguë :

— Bois, Socrate ! Et ensuite marche dans
la chambre afin que le poison agisse
mieux. Lorsque tu sentiras tes jambes
s'alourdir, étends-toi.

Socrate lève sa coupe et proclame :

> *Je bois à la santé des dieux ! Et je les prie de veiller sur mon voyage !*

Puis il boit d'un trait, et ses amis se mettent à pleurer, s'apitoyant moins sur Socrate que sur eux-mêmes, privés sous peu d'un tel compagnon !

> *Cessez donc vos lamentations, insensés que vous êtes ! repart Socrate. Je n'ai pas renvoyé les femmes pour que mes amis m'offrent un pareil spectacle ! Allons ! Du calme, de la fermeté !*

Il continue à se promener dans la pièce ; ses jambes devenant lourdes, il s'allonge, et se couvre la tête. L'homme qui a apporté la ciguë lui tâte les pieds, en lui demandant s'il les sent. Socrate fait signe que non. L'homme remonte ainsi le long des jambes, qui deviennent raides et froides, gagnées par le poison. Lorsque Socrate a le ventre froid, il soulève le pan de tunique sur son visage, et dit avec douceur :

*Criton, nous devons à Asclépios,
dieu de la médecine, le sacrifice d'un coq !*

Puis Socrate se tait. Ainsi meurt l'homme que les Athéniens condamnèrent pour n'avoir pas honoré les dieux.

Achevé d'imprimer en juin 2012
par l'Imprimerie de Montligeon
à Saint-Hilaire-le-Châtel (Orne)
sur papier Fedrigoni

Mis en page par Yohanna Nguyen

© Les petits Platons, Paris
Droits de reproduction et de traduction réservés pour tous les pays, y compris l'URSS
Loi 49956 du 16 juillet 1949 sur les publications destinées à la jeunesse
ISBN 978-2-36165-022-3